AF390615

Chambre des Commissaires-Priseurs
Envoi à la Bibliothèque Nationale

1900. Mai.
10

VENTE

DU JEUDI 10 MAI 1900
HOTEL DROUOT, SALLE N° 11
ET DU VENDREDI 11 MAI 1900
SALLE N° 7

A 2 HEURES 1/4

OBJETS D'ART

DE

CURIOSITÉ & D'AMEUBLEMENT

Marbres, Bronzes, Faïences, Porcelaines
Bois sculptés, Étains, Tableaux, Dessins, Gravures
Lustres, Suspensions de GAGNEAU et de LEROLLE
Chambre à coucher en marqueterie
Style de Boulle

MEUBLES EN BOIS SCULPTÉ ET ORNÉS DE BRONZES

Tapisserie, Tentures, Tapis d'Orient

COFFRE-FORT

Me J. GUILLET	**M. A. BLOCH**
COMMISSAIRE-PRISEUR	EXPERT
34, Rue Baudin, 34	28, rue de Châteaudun, 28

EXPOSITION PUBLIQUE

LE MERCREDI 9 MAI 1900

DE 2 HEURES A 6 HEURES

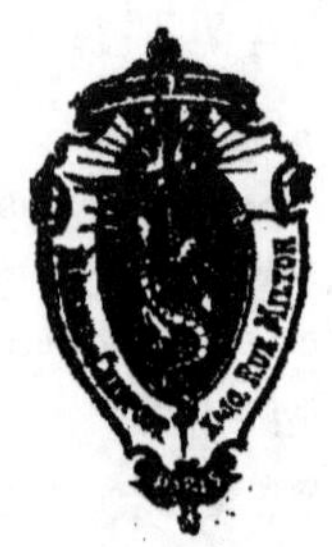

CONDITIONS DE LA VENTE

Elle sera faite au comptant.

Les acquéreurs paieront 5 o/o en sus des prix d'adjudication.

L'exposition mettant le public à même de se rendre compte de l'état et de la nature des objets compris dans ce catalogue, aucune réclamation ne sera admise une fois l'adjudication prononcée.

Paris. — Imp. Ménard et Chaufour, 8-10, rue Milton.

DÉSIGNATION

OBJETS D'ART

1 — Suspension de salle à manger en cuivre
poli à une lampe et quinze bougies de la
maison Gagneau.

2 — Suspension en bronze doré de style hol-
landais à une lampe et douze bougies, de la
maison Lerolle.

3 — Suspension de salle à manger en bronze
doré et ajouré à une lampe et douze bougies.

4 — Lustre à trente-six lumières en bronze
ciselé et doré orné de guirlandes et de pendeloques en cristal.

5 — Lustre à vingt-quatre lumières en bronze ciselé et doré à fleurs de lys et feuillages orné de guirlandes et de pendeloques en cristal.

6 — Coupe en porcelaine de Chine, de la famille verte, décor à personnages, monture en bronze ciselé et doré sur quatre pieds à cariatides de femmes.

7 — Buste de femme florentine en bronze, d'après DONATELLO.

8 — Petite plaque grecque en cuivre repoussé.

9 — Deux statuettes d'enfants en bronze sur socles onyx.

10 — Pendule Empire en acajou, chapiteau dans le haut et tête de femme en bronze doré, surmonté d'un lion en bronze.

11-12 — Deux bustes en marbre grandeur plus que nature : Conseillers des dix, République de Venise.

13 — Buste en marbre : Duc de Modène.

14 — Deux bouteilles en bronze du Japon, patine
noire, décor à oiseaux.

15 — Garniture de cheminée, composée d'une
pendule en marbre blanc, ornée de bronzes
ciselés et dorés et surmontée de deux figurines
de femmes à demi couchées et de deux candélabres, enfants assis supportant des branches
à cinq lumières. Socles en marbre blanc et
bronzes.

16 — Jardinière ovale posant sur quatre pieds
en bronze ciselé et doré.

17 — Petite jardinière ronde posant sur trois
pieds en bronze ciselé et doré, bandeau
ajouré.

18 — Jardinière ovale en bronze ciselé et
argenté à guirlandes de chêne et médaillons
intérieur en cristal.

19 — Lustre en bronze ciselé à dix-huit lumières.

20 — Lustre en cuivre avec crémaillère.

21 — Buste de femme en marbre, socle en
peluche rouge.

22 — Jardinière Louis XV en étain ciselé, décor à rocailles.

23 — Légumier Louis XV et son plateau en étain ciselé à rocailles fleuronnés.

24-25 — Deux plats en étain ciselé.

26 — Statuette en faïence émaillée bleue : Baigneuse, d'après FALCONNET.

27 — Cassolettes en faïence décorée, monture bronze.

28 — Monture de vase en cuivre cloisonné.

29 — Vase en faïence italienne, décor à sujet mythologique.

30 — Grande jardinière en bronze du Japon, socle en bois noir.

31 — Deux petits vases en bronze du Japon.

32 — Deux petites statuettes en bronze : Amours.

33 — Garniture de cheminée en marbre blanc et bronzes, composée d'une pendule, deux flambeaux et deux candélabres.

34 — Vase en étain.

35 — Garde-feu en bronze.

36 — Deux statuettes en biscuits, socles en peluche.

37 — Deux plats en faïence décorée, sujet mythologique.

38 — Lot de plats et assiettes en porcelaine et faïences décorées.

39 — Deux chauffe-assiettes en cuivre argenté.

40 — Deux statuettes en porcelaine de Saxe.

41 — Boîte à bonbons en porcelaine de Moustier.

42 — Paire de grands vases en porcelaine fond rose.

43 — Paire de grands vases en porcelaine fond vert.

44 — Paire de grands vases en porcelaine fond bleu.

45 — Deux girandoles en bronze ciselé.

46 — Lot d'assiettes et plats décoratifs.

47 — Garniture de cheminée en marbre noir.

48 — Jardinière de style Louis XV en cuivre poli.

49 — Compotier et son plateau en barbotine.

50 — Samovar en cuivre rouge.

51 — Garniture de cheminée en cuivre composée d'une pendule et de deux candélabres.

52 — Groupe en plâtre émaillé d'après CLODION.

53 — Deux épées Henri II.

54 — Poignard japonais.

55 — Quatre petits vide-poches en bronze du Japon.

56 — Deux gravures sur cuivre, sujets mythologiques.

57 — Deux têtes de cerfs en bois sculpté formant porte-manteau.

MEUBLES

58 — Ameublement de chambre à coucher en marqueterie genre de Boule garnie de bronzes ciselés et dorés à cariatides de femmes et de lions, têtes de satyres, et soleil composé d'un lit capitonné, une armoire à glace biséautée et une table de nuit.

59-60 — Deux glaces en bois sculpté et doré. Époque Louis XVI.

61 — Vitrine en bois doré, décor en bleu à fleurs Louis XVI.

62 — Console en acajou garni de cuivre, dessus en marbre.

63 — Deux petites glaces avec cadres en bois sculpté et doré.

64 — Fauteuil bas, couvert en panne noire avec bandes en tapisserie à la main.

65-67 — Huit poufs de différentes formes et grandeurs, couverts en étoffe brodée.

68 — Canapé couvert en reps fond brun, bandes à dessins polychromes.

69 — Grand canapé couvert en brocatelle, couleur chaudron, dessin à fleurs et entrelacs sur fond vieil or.

70 — Petit bureau en marqueterie, genre de Boule.

71 — Table en chêne sculpté.

72 — Bahut en chêne sculpté.

73 — Cheminée en bois recouverte d'application d'étoffe ancienne, sur fond de peluche.

74 — Table de toilette avec deux cuvettes.

75 — Deux tablettes de cheminées.

76 — Meuble Liégeois en chêne sculpté de style Louis XV et formant vitrine.

77 — Fauteuil de malade en acajou.

78 — Siège de coin Empire, recouvert de soie mauve à fleurs.

79 — Pouf bois doré, recouvert de soie noire avec bandes de tapisserie.

80 — Armoire portes pleines en acajou.

81 — Canapé d'angle, couvert en velours réséda.

82 — Lit en cuivre.

83 — Grande commode en bois, ornée d'incrustations, dessus en marbre blanc.

84 — Commode toilette en acajou.

85 -- Buffet à étagère en noyer ciré.

86 — Six chaises de salle à manger en chêne sculpté.

87 — Guéridon en bois noir.

88 — Table à ouvrage et à jeu. Style Empire.

89 — Fauteuil de bureau en acajou.

90 — Canapé en chêne sculpté, formant coffre, couvert en reps rouge avec trois coussins.

91 — Deux fauteuils américains en bois recourbé.

92 — Fauteuil articulé marque DUPONT.

93 — Coffre-fort de FICHET.

94 — Petite table étagère couverte en peluche et galons dorés.

95 — Volière.

96 — Porte-manteau en chêne avec cornes de cerfs.

97 — Paravent japonais à trois feuilles.

98-120 — Sous ces numéros seront vendus des meubles courants comprenant des commodes, des glaces, des toilettes, des tables, des armoires en chêne, noyer et acajou.

OBJETS DE VITRINE

121 — Montre en argent de l'Empire avec cadran émaillé.

122 — Coffret en laque de Chine, décor à personnages.

123 — Quatre petits émaux représentant les quatre saisons, cadres en bois sculpté.

124 — Buste d'Apollon en argent doré.

125 — Cheval en bois sculpté, sur socle en bois sculpté gothique.

126 — Deux flambeaux forme ibis en bronze du Japon.

127 — Statuette en bois sculpté : Saint-Louis xve siècle.

128 — Plaque bronze : la Résurrection du Christ.

129 — Serrure gothique en fer gravé.

130 — Buire en verre de Venise gravé.

131 — Fusil à deux canons damasquinés. Epoque de l'Empire.

132 — Plat en étain, dessin à sujet historique.

133 — Plat en cuivre argenté et repoussé de Perse.

134 — Encensoir en cuivre repoussé Louis XIII.

135 — Pot en biscuit noir de Wedgewood avec
figure de Bacchus.

136 — Chope en cuivre avec bas-relief à amours.

137 — Chaîne double avec breloque en métal
anglais.

138 — Deux socles porcelaine de Saxe.

139 — Couteau turc en argent.

140 — Sabre persan damasquiné, avec fourreau.

141 — Deux pistolets incrustés d'or, garnitures eu
argent.

142 — Collection de timbres poste.

143 — Éventail monture en ivoire, feuille en den-
telle.

144 — Châtelaine Louis XVI en argent.

145-146 — Deux miniatures rectangulaires :
Scènes galantes.

147 — Miniature rectangulaire : Le Petit lever.

148 — Quatre petites miniatures sur ivoire : Portraits de femmes.

149-151 — Trois miniatures rondes sur ivoire :
Portraits de femmes Louis XVI.

152 — Grande miniature ovale : Portrait de
femme de l'Empire.

153 — Miniature sur ivoire : Portrait de femme,
cadre en velours violet.

154 — Miniature sur ivoire : Portrait de femme
Louis XVI, grand cadre doré.

155 — Bonbonnière en ivoire ornée d'une miniature.

156 — Étui en ivoire orné d'une miniature.

TABLEAUX, DESSINS
GRAVURES

157 — **Boyer-Meneguay**, *Roches sur le Doubs.*

158 — *Rivière de Mesquer. (Bretagne).* Deux aquarelles.

159 — **Corot** (genre de). *Paysage.*

160 — **Cottin** (E.). *L'Abbé quêteur et le bedeau.* Aquarelle.

161 — **Daubigny** (genre de). *Paysage.*

162 — **Givry.** *Vue de Saint-Cloud.*

163 — **Herson**. *Paysage.*

164 — **Huber**. *Chalet dans le bois.*

165 — **Huber**. *Paysage.*

166 — **Huber**. *Chasse au Tigre.* Trois aquarelles.

167 — **Lacaza**. *Lever de soleil en Espagne.*

168 — **Lorrain** (attribué à Claude). *Port de mer.* (2ᵐ17×1ᵐ38.)

169 — **Pilarès** *Intérieur de l'église de Saragosse* (Aquarelle).

170 — **École Flamande**. *Cheval.*

171 — **École Flamande**. *Portrait d'homme.*

172 — **École Italienne**. *La Lessive.*

173 — **École moderne**. *Paysage*.

174-175 — **École moderne**. *Paysages*. Deux tableaux.

176 — **École moderne**. *Paysage*. Dessin.

177 — **École moderne**. *Marine*. Aquarelle.

178 — **École moderne**. *Paysage*. Pastel.

179-180 — *Vues de Marseille et du Havre*. Deux chromo-lithographies par Hugo d'Alési.

181 — *Mater Dolorosa*.

182 — *Salmacis et Hermaphrodite*.

183 — *Glaucus amoureux de Scilla*.

184 — *Portrait*. Quatre gravures encadrées.

185 — *Le Bal et le concert de Saint-Aubain*.

186 — *Le Départ du courrier et l'arrivée du courrier de* Boucher.

187 — *L'Amant pressant et la déclaration de* Houette (suite de six gravures).

TAPISSERIES, TENTURES

TAPIS D'ORIENT

188-189 — Deux tapisseries : Verdures.

190 — Trois paires de rideaux en panne verte.

191 — Deux paires de rideaux en panne bleue.

192 — Deux portières en peluche rouge.

193 — Portière en panne bleue.

194 — Tenture d'une chambre et quatre paires de rideaux avec baldaquins et embrasses en étoffe granitée rose, avec bandes de velours rouge frappé.

195 — Petit tapis de table en soie brodée à fleurs or et argent.

196 — Deux paires de rideaux en étoffe verte avec bandes et baldaquins en panne chaudron garnis de franges, avec leurs embrasses.

197 — Paire de rideaux avec baldaquin en reps couleur chaudron, avec bandes dessin polychrome.

198 — Ciel de lit capitonné, couvert en étoffe bleue.

199 — Lot de porte-embrasses en bois noir et doré.

200 — Cinq paires de rideaux en laine, couleur grenat.

201 — Deux paires de rideaux en laine, couleur jaune.

202 — Paire de rideaux en reps gris perle, avec franges.

203 — Garniture de lit et de fenêtre en étoffe de laine.

204 — Carpette en laine, dessin représentant une pastorale.

205 — Grande carpette en moquette polychrome.

206 — Lot d'étoffes pour rideaux.

207 — Tapis moquette.

208 — Deux coupes de soie.

209 — Coupe de soierie Louis XV, fond crème dessin à fleurs.

210 — Devant de jupe en broderie de perles.

211-253 — Suite de quarante-trois, tapis d'Orient, Perse et Turquie.

254 — Objets omis.

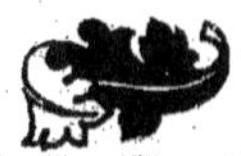

www.ingramcontent.com/pod-product-compliance
Lightning Source LLC
LaVergne TN
LVHW020849200726
843508LV00003B/1110